Canciones 1

para Aprender Idiomas

Volumen 1

por Agustina Tocalli-Beller
con música de Sara Jordan

Producido y editado
por

℗© 2001 **Sara Jordan Publishing**

una división de

2001 **Jordan Music Productions Inc.**
(SOCAN)

ISBN 1 - 894262 - 45 - X

Reconocimientos

Autora - Agustina Tocalli-Beller
Productora y compositora - Sara Jordan
Cantantes - Cirilo Albarez y Shantall Young
Ingeniero - Mark Shannon, The Treefort
Revisión de textos - Gloria Ramírez
Diseño y arte - Neglia Design Inc.
Illustraciones - Alex Filipov
Presentación gráfica - Darryl Taylor
Nuestro especial agradecimiento a Mark Shannon por su invaluable ayuda en la programación de los arreglos.
Grabado y mezclado - The Treefort, Toronto (Ontario)

Para mayor información escriba a:

Jordan Music Productions Inc.
M.P.O. Box 490
Niagara Falls, New York
USA 14302-0490

Jordan Music Productions Inc.
Succursale M, C.P. 160
Toronto (Ontario)
Canada M6S 4T3

www.sara-jordan.com
sjordan@sara-jordan.com

Teléfono 1-800-567-7733

Para Paul y "Tiny One"

Agradecemos el apoyo económico a nuestras
actividades del Programa para el Desarrollo
de la Industria Editorial de Libros del
Gobierno de Canadá

Canadä

ndice

Sugerencias para los profesores y padres de familia

*L*as Canciones Temáticas para Aprender Idiomas Vol.1 es una colección de canciones y actividades listas para ser usadas en el aprendizaje del español. Pueden ser usadas tanto con estudiantes de temparana edad como con estudiantes de otras edadades. Estas melodías pegadizas promueven la interacción entre los estudiantes a medida que aprenden varias formas de saludos, expresiones comunes y el uso de las preposiciones. También promueven el aprendizaje de vocabulario relacionado con los medios de transporte, la ropa, las comidas, el tiempo y las partes del cuerpo.

El uso de este volumen le ayudará a desarrollar tres aspectos curriculares importantes en la enseñanza del idioma español. Por medio del canto, los estudiantes desarrollarán las habilidades orales y visuales necesarias en la comunicación. También fortalecerán la lectura al seguir la letra de las canciones. Además, los estudiantes desarrollarán la escritura mediante la creación de letras nuevas y originales. Igualmente ejercitarán el pensamiento analítico al escuchar atentamente las melodías para hacerlas coincidir con su letra.

Las pistas instrumentales al final de la grabación son tambié muy adecuadas para que los profesores y estudiantes realicen actuaciones en la escuela.

Es nuestro deseo que Ud. use esta colección de canciones temáticas para que el aprendizaje sea entretenido y divertido para los estudiantes.

Algunas ideas para usar el material

Antes de cantar cada canción introduzca el tema a los estudiantes utilizando revistas con el fin de obtener varias ilustraciones sobre el tema de ésta.

La dramatización de las situaciones puede fortalecer las habilidades necesarias para la comunicación. Por ejemplo, los estudiantes pueden preguntar cómo llegar al baño o pedir indicaciones para ir a la estación de trenes.

Las canciones sobre la ropa, las comidas y las partes de la casa pueden utilizarse para conversar sobre las diferencias culturales. ¿Cómo es la ropa en tu país? ¿Son las comidas diferentes? ¿De qué manera afecta el clima la forma en que ve la gente ?

La música, el idioma universal, es una herramienta increíble para la enseñanza. Gracias al trabajo de investigación del Dr. Howard Gardner, profesor de la Universidad de Harvard, sabemos que una de las Siete Inteligencias Múltiples es la Inteligencia Musical.

Anime a sus estudiantes a cantar, leer y escribir tan frecuentemente como sea posible haciendo uso de las actividades multiculturales y concursos disponibles en nuestra página de internet, y estableciendo correspondencia por medio de ésta con una enorme cantidad de amigos.

www.SongsThatTeach.com

Es nuestro gran deseo que fomentando la enseñanza a través de las canciones, podamos ayudar a promover una armonía global y un entendimiento a través del mundo.

Nº 1

Canciones Temáticas

coro:

¡Hola! ¡Es hora de empezar!
Nuestras canciones te enseñarán.
Cantando juntos aprenderás
y muchas cosas descubrirás.

Hay muchos temas para aprender,
gran variedad para cantar
en un volumen sensacional.
Sabemos que te va a encantar.

e damos la bienvenida.
Nuestras canciones son divertidas.
Hay muchos temas por descubrir.
Jamás te vas a aburrir.

os amigos y la ropa,
el cuerpo y las mascotas,
el tiempo y las expresiones,
a casa y las preposiciones.

coro:

Nº 2

Los Saludos

cantar 2x: ¿Puedes decir "Buenos días"?
                   ¿Puedes decir "Buenas tardes"?
                   ¿Puedes decir "Buenas noches"?
                   si nos quieres saludar.

Puedo decir "Buenos días",
puedo decir "Buenas tardes",
puedo decir "Buenas noches",
si los quiero saludar.

Podemos decir "Buenos días",
podemos decir "Buenas tardes",
podemos decir "Buenas noches",
si los queremos saludar.

instrumental

antar 2x: ¿Puedes decir "Hola"?
¿Puedes decir "Mucho gusto"?
¿Puedes decir "Adiós"?
¿Y "Hasta luego" al partir?

uedo decir "Hola".
uedo decir "Mucho gusto".
uedo decir "Adiós"
"Hasta luego" al partir.

odemos decir "Hola".
odemos decir "Mucho gusto".
odemos decir "Adiós"
"Hasta luego" al partir.

SOPA DE LETRAS

Buenos   Buenas

ÌDAS   DAESRT

_ _ _ _

Buenas

HONCSE

_ _ _ _ _ _

SOPA DE LETRAS

OALH

Mucho

SOUTG

_ _ _ _ _

Hasta

ELOUG

_ _ _ _ _

ÓDSAI

_ _ _ _ _

Expresiones Comunes

Necesito saber,
¿me puede decir
al aeropuerto
cómo ir,
por favor?

Necesito saber,
¿me puede indicar
a la estación
cómo llegar
y mi tren tomar?

coro:

Aeropuertos y aviones,
trenes y estaciones,
mercados y hospitales,
son lugares esenciales.

El doctor y el dentista,
siempre piden una cita.
Baños y restaurantes
son importantes.

Necesito encontrar
a un doctor.
¿Me puede ayudar,
por favor?
Me siento mal.

Necesito saber,
¿me puede indicar
dónde encontrar
a un dentista?
Me duele la muela.

coro:

Necesito saber,
¿me puede indicar
cómo llegar
al mercado
y comprar comida?

Necesito saber,
¿me puede indicar
dónde encontrar
los baños?
Le agradezco.

coro:

CRUCIGRAMA

ÍNDICES: HORIZONTAL

4.

mercado

6,

aeropuerto

7.

doctor

8.

restaurante

9.

aviones

VERTICAL

1.

tren

2.

baño

3.

hospital

5.

dentista

Nº 4 Los Amigos y los Medios de Transporte

coro 2x:

Voy a visitar a mi buen amigo.
Hace mucho tiempo que no lo veo.
Quiero ir a ver a mi gran amigo.
Debo pensar como ir.

Podría ir en avión
o quizás en camión.
Podría caminar
si él puede esperar.

Podría pedalear,
pero sin demorar.
En barco navegar
o mi balsa hacer flotar.

Coro:

l tren podría tomar
 un carro manejar.
Jo quiero demorar,
pronto quiero yo llegar.

stoy muy apurado,
pero si estoy atrasado
mi amigo me espera.
Qué amistad verdadera!

Coro:

La Ropa

¿Dónde están mis medias?
¿Has visto mis medias?
Creo que las he perdido.
¡O quizás se han escondido!
¿Dónde están mis medias?

¿Dónde están mis zapatos?
¿Has visto mis zapatos?
Creo que los he perdido.
¡O quizás se han escondido!
¿Dónde están mis zapatos?

¿Dónde están mis pantalones?
¿Has visto mis pantalones?
Creo que los he perdido.
¡O quizás se han escondido!
¿Dónde están mis pantalones?

Dónde están mis botas?
Has visto mis botas?
Creo que las he perdido.
O quizás se han escondido!
Dónde están mis botas?

Dónde están mis guantes?
Has visto mis guantes?
Creo que los he perdido.
O quizás se han escondido!
Dónde están mis guantes?

Dónde está mi falda?
Has visto mi falda?
Creo que la he perdido.
O quizás se ha escondido!
Dónde está mi falda?

¿Dónde está mi blusa?
¿Has visto mi blusa?
Creo que la he perdido.
¡O quizás se ha escondido!
¿Dónde está mi blusa?

¿Dónde está mi suéter?
¿Has visto mi suéter?
Creo que lo he perdido.
¡O quizás se ha escondido!
¿Dónde está mi suéter?

¿Dónde está mi chaqueta?
¿Has visto mi chaqueta?
Creo que la he perdido.
¡O quizás se ha escondido!
¿Dónde está mi chaqueta?

¿Dónde está mi abrigo?
¿Has visto mi abrigo?
Creo que lo he perdido.
¡O quizás se ha escondido!
¿Dónde está mi abrigo?

¿Dónde está mi sombrero?
¿Has visto mi sombrero?
Creo que lo he perdido.
¡O quizás se ha escondido!
¿Dónde está mi sombrero?

CRUCIGRAMA

ÍNDICES: HORIZONTAL VERTICAL

pantalones

chaqueta

botas

falda

medias

zapatos

blusa

guantes

abrigo

sombrero

suéter

Las Comidas

niños: "¿Qué desayunamos?"

adulto: "Pon la mesa, por favor."

niños: "¿Qué desayunamos?"

adulto: "Pon la mesa, por favor."

cantar 2x: *"Con la mesa tu ayuda*
es importante sin duda:
La mesa debes poner
si quieres comer."

Cada persona necesita:
un plato, taza y platillo,
un tazón y un cuchillo ,
tenedor, cuchara y vaso.

Medialunas, huevos, mermelada
con manteca sobre una tostada.
¡Qué delicias vamos a comer
con jugo, leche, café o té!

2x: niños   "¿Qué almorzamos?"

      adulto: "Pon la mesa, por favor."

cantar 2x: "Con la mesa tu ayuda,
              es importante sin duda.
              La mesa debes poner
              si quieres comer."

Cada persona necesita:
un plato, taza y platillo
un tazón y un cuchillo,
tenedor, cuchara y vaso

"Sopa, pescado y ensalada,
son muy ricos de entrada.
Fiambres, carnes, atún y pan,
en un sandwich te encantarán."

2x: *niños:* "¿Qué cenamos?"

  adulto: "Pon la mesa, por favor."

canter 2x: *"Con la mesa tu ayuda,
es importante sin duda.
La mesa debes poner
si quieres comer"*

"Cada persona necesita:
un plato, taza y platillo,
un tazón y un cuchillo,
tenedor, cuchara y vaso."

Pasta, papas, arroz y pollo,
son todos platos deliciosos.
Me gusta la comida sana
y de postre, pastel de manzana.

2x: *niños* "Ya terminamos."

  adulto: "Levanta la mesa, por favor."

"Con la mesa tu ayuda
es importante sin duda.
La mesa debes levantar
pronto al terminar."

EL DESAYUNO - SOPA DE LETRAS

OTATDAS

OGUJ   EHLCE   _ _ _ _ _ _ _

_ _ _ _ _   _ _ _ _ _

UEHVSO

_ _ _ _ _

ÉT

FCÉA   _ _

AUNLDIAMES

_ _ _ _   _ _ _ _ _ _ _ _ _

EL ALMUERZO - SOPA DE LETRAS

DWHSNACI

_ _ _ _ _ _ _ _

PAOS

_ _ _ _ _

AADSLANE

_ _ _ _ _ _ _ _

SCEDOPA

_ _ _ _ _ _ _

RECAN

_ _ _ _ _

LA CENA - SOPA DE LETRAS

AATSP

pastel de

ZANNAMA

———————

ZRAOR

LPOLO

———————

APSAP

———————

Nº 7 El Tiempo y las Partes del Cuerpo

coro 2x:

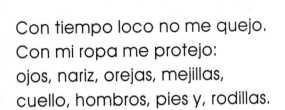

Con tiempo loco no me quejo.
Con mi ropa me protejo:
ojos, nariz, orejas, mejillas,
cuello, hombros, pies y, rodillas.

Está lloviendo muy fuerte.
No es mi día de suerte.
Mi paraguas y mi sombrero,
los dos tienen agujeros.

Cuando está todo nevado,
botas y guantes uso.
Aunque en el parque está helado,
yo no quedo congelado.

coro 2x:

Cuando hace mucho frío,
siempre uso mi abrigo.
Si no lo llevo conmigo,
voy a tener un resfrío.

Cuando hace mucho calor,
me pongo una camiseta
y pantalones cortos
y salgo en bicicleta.

Coro 2x:

IDENTIFICA LAS COSAS

el

_ _ _ _ _ _ _ _

las

_ _ _ _ _

los _ _ _ _ _ _

la

_ _ _ _ _ _ _ _

NOMBRA LAS PARTES DEL CUERPO

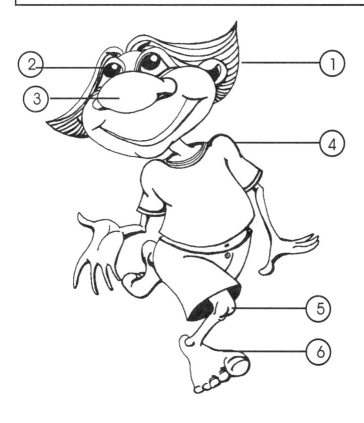

(1) _____   (4) _____

(2) _____   (5) _____

(3) _____   (6) _____

Nº 8 Las Mascotas
y la Casa

Disculpe, ¿ha visto usted a mi gato?
Yo no lo veo hace un buen rato.

coro:

No está en el dormitorio.
No está en el comedor.
No está en la cocina
tampoco en el baño.

No está en la sala
ni en la oficina.
No está en el sótano.
¡No sé dónde está!

Mi gato no está escondido.
Yo creo que se ha perdido.

Él es mi mascota. Es mi gran amigo.
Lo quiero y lo extraño. Lo quiero conmigo.

Disculpe, ¿ha visto usted a mi perro?
Lo estoy buscando. Yo soy su dueño.

Coro:

No está en el dormitorio...

Mi perro no está escondido.
Yo creo que se ha perdido.
Él es mi mascota. Es mi gran amigo.
Lo quiero y lo extraño. Lo quiero conmigo.

Disculpe, ¿ha visto usted a mi conejo?
Es negro y blanco. Se llama Alejo.

Coro:

No está en el dormitorio...

Mi conejo no está escondido.
Yo creo que se ha perdido.
Él es mi mascota. Es mi gran amigo.
Lo quiero y lo extraño. Lo quiero conmigo.

Disculpe, ¿ha visto usted a mi canario?
Es amarillo y se llama Mario.

Coro:

No está en el dormitorio.
No está en el comedor.
No está en la cocina
tampoco en el baño.

No está en la sala
ni en la oficina.
No está en el sótano.
¡No sé dónde está!

Mi canario no está escondido.
Yo creo que se ha perdido.
Él es mi mascota. Es mi gran amigo.
Lo quiero y lo extraño. Lo quiero conmigo.

Disculpe, ¿ha visto usted a mi tortuga?
Es chiquita y tiene arrugas.

coro:

No está en el dormitorio.
No está en el comedor.
No está en la cocina
tampoco en el baño.

No está en la sala
ni en la oficina.
No está en el sótano.
¡No sé dónde está!

Mi tortuga no está escondida.
Yo creo que está perdida.
Ella es mi mascota. Es mi gran amiga.
La quiero y la extraño. La quiero conmigo.

CRUCIGRAMA

ÍNDICES: HORIZONTAL

2.

conejo

4.

canario

5.

gato

VERTICAL:

1.

tortuga

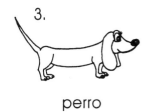
3.

perro

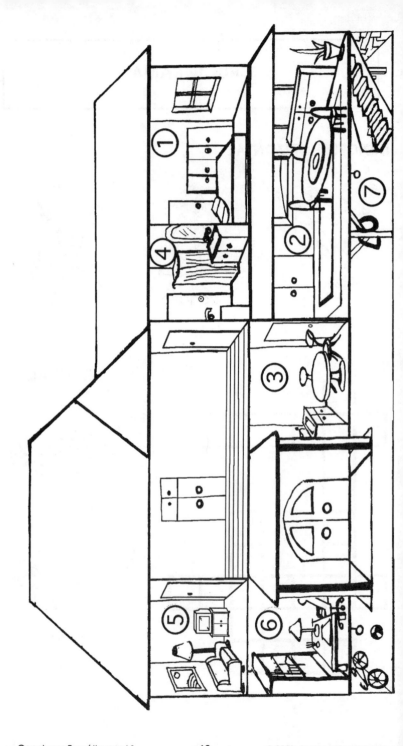

NOMBRA LAS PARTES DE LA CASA

1) _____

2) _____

3) _____

4) _____

5) _____

6) _____

7) _____

Las Preposiciones

coro 2x:

Mi gato es muy listo.
Y cuando tiene permiso,
en mi dormitorio juega
y preposiciones me enseña.

2x: *Las preposiciones son importantes,*
para saber expresarte.
Te contestan en las respuestas,
preguntas como éstas:

Estilo rap:
2x: *¿Cuándo? ¿Cómo? ¿Por qué? y ¿Adónde?*
¿Para qué? y ¿Con quién?
¿Cuándo? ¿Cómo? ¿Por qué? y ¿Adónde?
¿Para qué? y ¿Con quién?

i gato corre
ajo la cama.

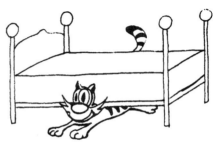

Mi gato salta **sobre** la cama

corre alrededor

y delante de la cama.

Y juega **entre** las sábanas.

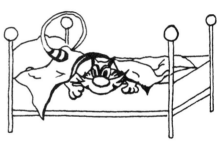

Se desliza a lo
largo del borde

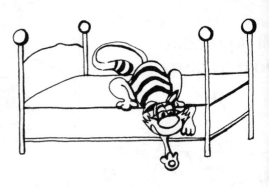

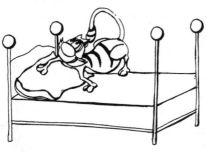

y corre **hacia** la
almohada.

Va **de** la
cabecera

y se mete **dentro**
de las sábanas.

mientras está
n mi cama,

iensa en el
escado que
 daré mañana.

oro 2x:

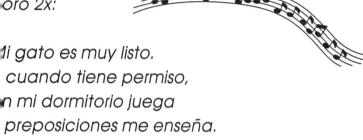

li gato es muy listo.
 cuando tiene permiso,
n mi dormitorio juega
 preposiciones me enseña.

2x: *Las preposiciones son importantes,*
       para saber expresarte.
       Te contestan en las respuestas,
       preguntas como éstas:

tilo rap:

:   *¿Cuándo? ¿Cómo? ¿Por qué? y ¿Adónde?*
     ¿Para qué? y ¿Con quién?
     ¿Cuándo? ¿Cómo? ¿Por qué? y ¿Adónde?
     ¿Para qué? y ¿Con quién?

Pregunte a su distribuidor por otros de los excelentes programas de Sara Jordan

en
- **español**
- **inglés**
y
- **francés**

Español para Principiantes ™, A través de ca[n]ciones dinámicas, este cassette/CD enseña el alfabeto, los numeros, las partes del cuerpo, los miembros de la f[a]milia, los colores, las formas, las frutas y más. Es muy ade[ ]cuado para el aprendizaje del vocabulario básico de e[s]tudiantes de todas las edades. Se puede obtener con e[l] cuaderno de actividades.

en
- **español**
- **inglés**
y
- **francés**

Canciones Temáticas para Aprender Idiomas vol. 1 Las canciones temáticas para el nivel introductorio enseñan expresiones comunes, medios de transporte, la ropa, las comidas, el clima, las partes del cuerpo, las mascotas y las partes de la casa. El cancion[ero] incluge actividades. Las pistas instrumentales al final de[la] grabación, pueden ser usadas para presentaciones estilo "karaoke", las cuales fortalecen la lectura.

en
- **español**
- **inglés**
y
- **francés**

Fonética Funky ™...y algo más – Volumen[1] Aprende a Leer Además de las letras de las canciones, incluye sugerencias útiles para padres y educadores. Este volumen es una fantástica introducción a la lectura usando los métodos de aprendizaje fónico y el global. Los temas cubiertos incluyen el alfabeto, las vocales, las consonantes, la hora, los días de la semana, l[as] estaciones del año, el medio ambiente y/o otros.

en
- **español**
- **inglés**
y
- **francés**

Gramática Rítmica™ Volumen 1. Diez canciones que enseñan diferentes elementos del idioma, l[as] estructuras de la oración, formación de preguntas y la conjugación de verbos en sus tiempos simples. El cancionero también incluye actividades y crucigramas que pueden ser reproducidos. Al final de la grabación s[e] incluyen pistas instrumentales que permiten a los estud[i]antes crear su propia letra o hacer presentaciones musicales.

Conjugación en Canciones vol.1 Canciones

en
* *español*
y
* *francés*

entretenidas que enseñan la conjugación de los verbos básicos en los tiempos presente, pasado y futuro, incluyendo los verbos irregulares. El cancionero también incluye ejercicios y actividades que pueden ser reproducidos por el (la) profesor(a).

The Presidents' Rap®

en
* *inglés*

Las leyendas de los presidentes americanos se mantienen en vivo con Rap, Clásico, Swing, Dixie y Pop. Un tesoro musical de información sobre cada presidente. Muy popular entre. Educadores que desean montar presentaciones musicales con sus alumnos.

Healthy Habits ™ Canciones y actividades

en
* *inglés*

dinámicas para niños del nivel preescolar al 3er grado. Enseñan sobre la nutrición, la pirámide de los alimentos, la anatomía, la higiene dental, el cuidado personal y la precaución de los incendios. Incluye pistas instrumentales para ser utilizadas en presentaciones musicales con los estudiantes.

Celebrate the Human Race™

en
* *inglés*

***Ganador Del Premio Directors' Choice ***

Conozca las siete maravillas naturales del mundo y los niños que viven en esos lugares. La música es representativa de cada país o lugar que se estudia. El cuaderno incluye trajes típicos de cada país y muñecos de papel para vestir.

Lullabies Around the World ™

en 11
idimas
diferentes

Ganador de los Premios Director's Choice Award y Parent's Choice Silver Award

Canciones de cuna tradicionales cantadas por personas originarias de cada país. Incluye la letra traducida al Inglés. El libro contiene la letra de la música y actividades multiculturales. Incluye pistas instrumentales para ser utilizadas en presentaciones musicales con los estudiantes.

The Math Unplugged ™ Series

en
• inglés

The Math Unplugged ™ Series Una serie de canciones sobre operaciones matemáticas como la ac ción, la substracción, la multiplicación y la división. Estas canciones rítmicas enseñan las matemáticas básicas. Lo ejercicios musicales son repetitivos y divertidos. Un gran volumen que incluye un libro con la letra de las can- ciones y algunos ejercicios que pueden ser reproduci- dos.

Celebrate Seasons

en
• inglés

Una encantadora colección de canciones y actividade sobre el otoño, la caída de las hojas, la migración e hi- bernación. Los animales y su preparación para el invierr y la primavera. Las flores, la polinización, los solsticios y lo equinoccios. También muestra las diferencias en las este ciones del año según la región del mundo. El cancioner incluye además ejercicios y actividades que pueden se reproducidas por el (la) profesor(a). Las pistas instrumen tales permiten realizar presentaciones musicales con los alumnos.

Celebrate Holidays

en
• inglés

Una colección inspiradora de canciones y actividades que enseñan sobre las fiestas de Brujas, de Acción de Gracias, Chanukan, la Navidad, el Año Nuevo, el día de San Valentín, el día de San Patricio y las Pascuas. Más d doce hojas con actividades. Las pistas instrumentales permiten realizar presentaciones musicales con los alum nos, permitiéndoles a éstos desarrollar sus habilidades er el lenguaje mientras se divierten actuando.

Para obtener información sobre un distribuidor más cercano, p favor contactarse con Sara Jordan 1-800-567-7733
Internet: http://www.sara-jordan.com
email: sjordan@sara-jordan.com